엉뚱한 과학덕후 파토쌤의 찌릿찌릿 상담소

와이즈만 BOOKs

엉뚱한 과학덕후 파토쌤의 찌릿찌릿 상담소

사랑·우정·사춘기가 조마조마해!

글 원종우 이선강 | 그림 유영근
감수 와이즈만 영재교육연구소

저자 서문
과학은 즐거워!

나는 파토쌤. 알다시피 아무거나 상담소 소장이야.
이제 친구들도 알게 됐지? 모든 것에는 원인과 이유가 있고,
이것을 찾아내면 극복할 수 있다는 걸 말이야. 어떻게? 과학적으로!
좀 놀라운 건, 과학에 관심이 많은 친구도 과학을 복잡하고, 어려운 것으로
생각했더라고. 진짜 억울한 오해야! 과학이 얼마나 재미있는데.
앗, 태민이가 또 난리 치기 전에 빨리 상담 준비해야겠어.
아무튼 과학은 아주 흥미롭고 재미난 거야. 친구들도 알지?
이제 새로운 고민을 찾아 '아무거나 상담소'의 문을 열어 볼까?

차례

과학은 즐거워! 4

아무거나 상담소의 주인공을 소개합니다! 8

1

심장이 튀어나올 것만 같아요! 10

사랑은 화학 반응? 20

태민이의 사랑 고민 상담 일기 31

사랑의 증거를 찾아라! 32

상담 실장의 사랑 고민 상담 일지 46

2

진짜 내 절친인 줄 알았어! 48

배신은 아파! 51

배신감도 과학적으로! 60

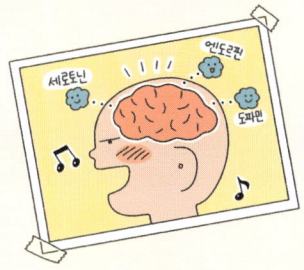

수진이의 친구 관계 고민 상담 일기 **69**

수진이의 감정 일기장 **84**

상담 실장의 친구 관계 고민 상담 일지 **85**

3

미스터리 탐정단 **86**

호르몬 본부 침투 작전 **96**

현우의 사춘기 고민 상담 일기 **103**

사춘기, 감정의 롤러코스터를 타다! **104**

엄마 아빠와 마음 연결하기 **112**

미움 받지 않을 안전장치는 필요해 **116**

상담 실장의 사춘기 고민 상담 일지 **124**

호기심은 필수, 질문은 습관! **126**

아무거나 상담소의
주인공을 소개합니다!

아무거나 상담소 소장

나는 파토. 사람들이 파토쌤이라고 불러. 모든 문제를 과학적으로 해결하지. 특히 꽁지 머리로 묶고 실험용 안경을 쓰면 뇌가 더 빠르게 도는 것 같아. 그 모습을 보고 괴짜라고 하는데, 억울해. 과학이 얼마나 즐거운 건데!

아무거나 상담소 실장

내 이름은 태민. 요즘 과학에 무척 관심이 많아. 조금 엉뚱하지만, 사람들이 어떤 고민을 하는지, 과학적으로 어떻게 해결할 수 있는지 너무너무 궁금해. 맞아, 난 호기심 대마왕이야! 아, 파토쌤 설명이 길어지면 내가 딴생각한다는 건 비밀이야!

성훈

요즘 큰 고민이 생겼는데, 그건 바로 한 가지 빼곤 다 시시하다는 거야. 태민이가 내 고민을 알아챈 것 같아서 좀 불안해.

수진

마음이 매우 아파. 평생 친구일 거라고 믿었던 단짝이랑 절교했거든. 같은 반 친구한테 절교하는 부끄러운 모습을 들키고 말았어.

찬영

난 축구는 잘하지만 게임은 잘 못해. 태민이랑 반대야. 딱 한 번 치트키를 쓴 적 있는데 태민이한테 딱 걸렸지. 태민이랑은 날마다 싸우고 화해해.

현우

난 올해 6학년이야. 잘하는 게 많아서 남들이 날 좀 부러워한대. 나는 별로 기쁘지 않아. 잘하는 게 많은 것보다 좋아하는 걸 즐겁게 하고 싶어.

"휴……."

성훈이가 또 한숨을 쉬자, 태민이는 만화책을 덮었어.

"뭐야? 자꾸 왜 그러는데?"

성훈이는 학교에서도 만날 딴생각하더니, 이번엔 만화책 보자던 녀석이 휴대폰만 만지작거리잖아.

그 순간 성훈이 핸드폰에 '희윤'이라는 이름을 보고는 태민이가 물었어.

"설마 너 희윤이랑 싸웠냐?"

성훈이가 급하게 핸드폰 화면을 끄며 벌컥 화를 냈어.

"미쳤냐?"

그러더니 갑자기 얼굴이 시뻘게져서는 집에 간다는 거야.

"에잇, 왜 나한테 짜증이야!"

태민이는 툴툴거리며 도서관에 갔어. 성훈이가 보고 싶다고 해서 반납도 미뤘었거든. 무인 반납기에 책을 넣으려는데 익숙한 목소리가 들렸어.

'어? 삼촌?'

그런데 늘 듣던 방정맞은 목소리가 아니었어.

주말에 늘 입던 운동복도 아니었어.

"삼촌……, 누구세요?"

태민이를 발견한 삼촌도 당황했어.

수상쩍게 계속 안절부절못했어.

같이 있던 누나가 삼촌한테 물었어.

"민주 씨 조카예요?"

"아, 네!"

머뭇머뭇 대답하던 삼촌은 다시 멋진 척 머리를 손으로 쓸어 넘겼어. 하지만 그 손끝은 잘못을 들킨 사람처럼 파르르 떨렸어. 태민이의 눈이 의심으로 반짝였어.

"삼촌! 사서 누나랑 뭐해요?"

"뭐? 아, 글쎄……?"

누나랑 삼촌 얼굴이 토마토처럼 빨개졌어.

'이것 봐! 아주 수상하다니까.'

태민이는 괜스레 울적해졌어.

성훈이도 그렇고, 삼촌도 이상하다 싶었거든.

심장이 너무 빨리 뛰어 어지럽다더니 갑자기 얼굴이

빨개지고, 또 한숨만 쉬고, 밥도 깨작거리고!

이 모든 퍼즐 조각을 합쳐 보았더니…….

'으악, 이걸 이제야 눈치채다니!'

태민이는 머리를 쥐어뜯었어.

"왜 다들 그러는 거야!"

이대로 집에 갈 수 없었어.

"쌤, 저, 우울해요!"

태민이는 상담소에 도착하자마자 소파에 축 늘어지며 하소연했어.

"쌤은 저 배신하면 안 돼요! 남자는 의리!"

"뜬금없이 무슨 소리야? 안 그래도 심란한데 너까지 왜 그래?"

파토쌤이 안경을 고쳐 쓰며 같이 소파에 늘어졌어.

"쌤은 왜요?"

"아내가 여행을 가면서 과학자 모임 맘껏 하랬는데 다 못 온대."

어휴! 둘 다 한숨을 내쉬었어.

"쌤! 궁금한 게 있어요. 왜 사랑에 빠지면 가슴이 뛰고 얼굴이 빨개지는 걸까요?"

파토쌤은 시무룩하게 묻는 태민이를 빤히 쳐다봤어.

"사랑? 그게 아니라 또 혼날 짓을 한 건 아니고?"

태민이가 얼굴을 붉히며 성질을 냈어.

"아니에요, 그런 거! 아이 진짜!"

파토쌤이 이번엔 능글맞게 대꾸했지.

"진짜로 누가 아주 좋아졌어?"

태민이는 재빨리 손사래를 쳤어.

"저 말고요. 제 친구랑 삼촌이요!"

파토쌤은 좀 전보다 더 능글맞게 말을 이었어.

"친구 이야기라고 꺼내는 연애 상담은 다 자기 이야기던데!"

태민이는 더 버럭 했지.

"진짜 아니라고요!"

"어이쿠, 모솔 삼촌이 드디어!"

사랑에 빠졌을 때 우리 몸에는 과학적 변화가 일어나.

몸이 안 좋은 것과 헷갈릴 수도 있지.
특히 모솔이라면 말이야.
갑자기 파토쌤 얼굴에 생기가 돌았어.
취소된 과학자 모임도 깡그리 잊었나 봐.
과학이랑 또 사랑에 빠졌거든.

사랑은 화학 반응?

'심장이 튀어나올 것 같다'라는 말 들어 봤지?

그냥 비유적인 표현인 줄 알지만 이건 정말로 일어나는 현상이야.

실제로 사랑에 빠지면 우리 몸에서 어떤 물질이 나와.

바로 **아드레날린**이라는 호르몬이야.

이 호르몬은 심장 박동을 빠르게 만들고 혈압을 올려.

좋아하는 사람을 만나거나 생각할 때,

이 아드레날린이 나오며 심장이 두근두근 뛰는 거야.

실제로 심장 박동이 평소보다 20~30퍼센트 정도 빨라질 수 있어.

또 이건 어떨까?

운동장이나 공원에서 신나게 달리기를 해.

한참을 달리다 보면 힘이 들겠지? 그런데 힘들고 땀이 비 오듯이 흐르는데도 점점 더 즐거워져서 생각하게 돼.

'내일은 조금 더 멀리까지 가 볼까?'

이런 스트레스나 격렬한 감정을 느낄 때도 나와.

심장이 빠르게 뛰면 불안감이 생길 텐데,
왜 이런 물질이 나올까?
원래 아드레날린은 위험한 상황에서 나왔어.
"옛날, 인류가 사자나 호랑이 같은 위험한 동물을 만나면 재빨리 도망을 쳐야겠지? 이때 불안함을 느껴 빨리 도망치거나 싸우도록 해 주는 역할을 했어."

태민이가 고개를 갸웃거렸어.

"엥? 이게 사랑이랑 무슨 상관이에요? 좋아하는 사람이 호랑이는 아니잖아요?"

파토쌤이 웃음을 터뜨렸어.

"아주 좋은 질문!

우리 뇌는 때로는 '좋은 흥분'과 '무서운 흥분'을 구분하지 못해. 그래서 두 경우 모두 비슷한 호르몬이 분비돼."

'평소와 다른 중요하고도 아찔한 일이 일어나고 있어'라고 우리 뇌와 몸이 신호를 보내는 거지.

바로 재미있고 위험한 일을 할 때처럼!

파토쌤은 신나게 설명을 이어갔어.

"사랑에 빠지면 아드레날린뿐만 아니라 다른 특별한 물질들도 분비돼. 바로 **도파민**이야. '행복 물질'이라고도 불리는데, 뇌에서 기쁨을 보상으로 느끼게 해 주지."

태민이는 뭔가 생각났어.

"아! 그래서 삼촌이 혼자 웃고 다녔구나. 정신이 나간 줄 알았어요."

파토쌤은 못 들은 척 계속 설명했지.

"또 도파민은 집중력을 높여서 좋아하는 사람에게 관심이 집중되게 만들어."

파토쌤이 물었어.

"삼촌이 요즘 다른 일에 집중을 잘 못하지?"

태민이는 삼촌보다 성훈이가 먼저 떠올랐어.

"성훈이가 그래요. 짝사랑이지만."

성훈이의 요즘을 떠올려 보니 만날 딴생각에 딴짓이었지.

안경을 추켜올리는 파토쌤의 손동작도 덩달아 경쾌해졌어.

"재미있는 건 **세로토닌**이라는 물질이야."

세로토닌은 본능을 누르고, 기분이 과하게 넘치지 않도록 조절하는 호르몬이야. 부족하면 우울증과 불안감을 겪게 될 수 있고, 입맛이 없어지거나 잠을 편히 못 자게 될 수 있어.

태민이가 구시렁댔어.

"그게 뭐가 재미있어요?"

파토쌤이 딱 기다리던 질문이었어.

"재미있지. 사랑에 빠지면 이 물질이 오히려 줄어들어. 세로토닌은 기분과 입맛을 조절하는데, 이게 줄어들면……."

태민이가 소리쳤어.

"밥을 자꾸 잘 안 먹게 되는 거죠. 세상에! 그래서 삼촌이……."

사랑에 빠진 사람들이 살이 빠지고, 생각이 많아지고, 밤잠을 설친다면 그건 세로토닌 때문일 수 있어.

"그런데 사람 뇌에서 호르몬이 움직이는 것을 어떻게 알았을까요?"

태민이처럼 다들 궁금하지 않아?

이건 과학자들이 오랜 시간에 걸쳐 여러 실험을 통해 알아낸 거야.

"사랑에 빠진 사람들의 뇌는 특별했거든."

먼저 기능 자기 공명 영상 fMRI으로 뇌 사진을 찍어. 그다음엔 사랑하는 사람의 사진을 보여 주고 다시 찍는 거야.

사진을 본 후 찍은 뇌 사진에서는 다양한 부분이 활성화된 것을 볼 수 있었어.

여러 호르몬이 뇌에 끼치는 영향을 알 수 있게 말이야!

태민이의 사랑 고민 상담 일기

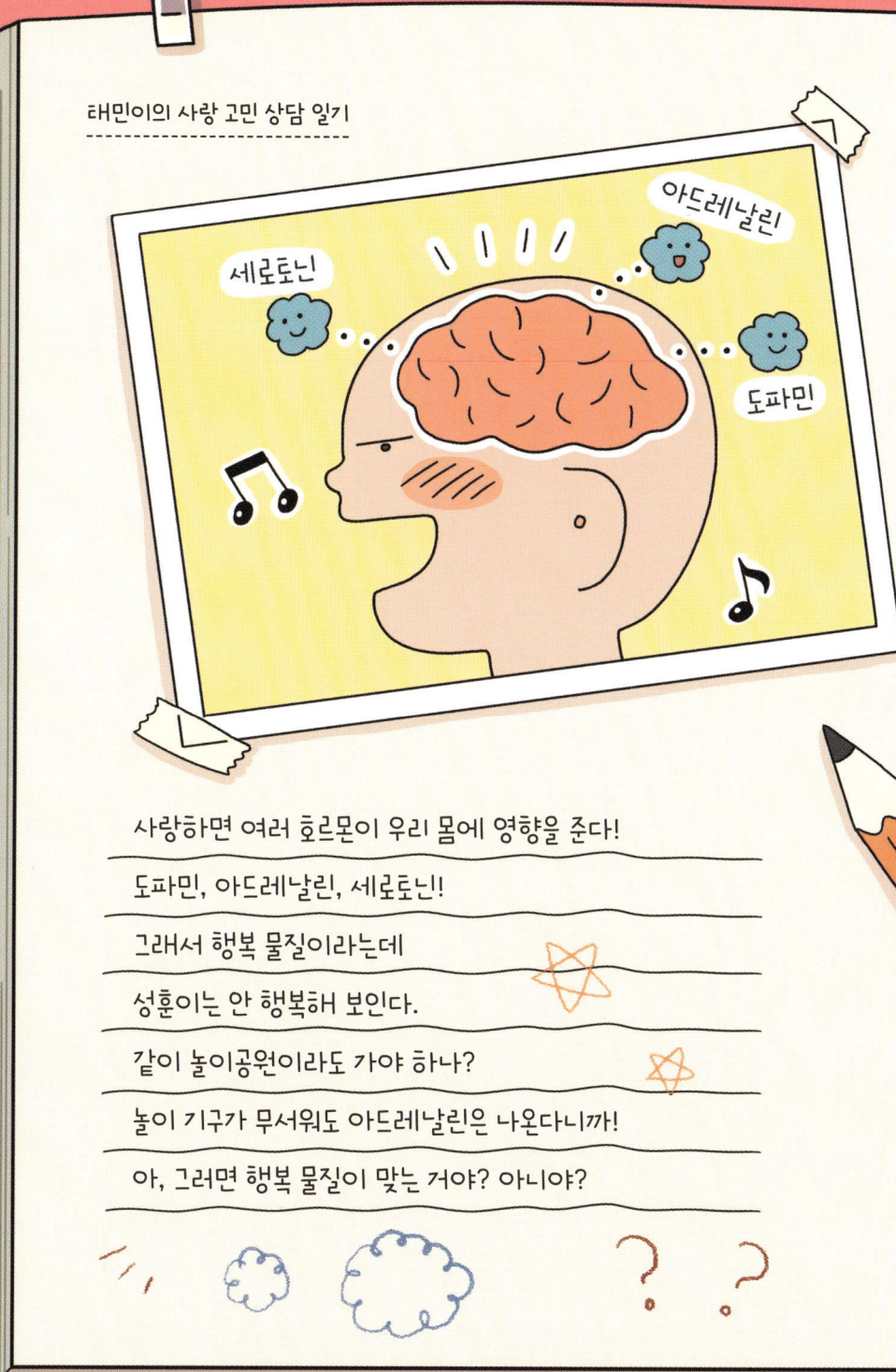

사랑하면 여러 호르몬이 우리 몸에 영향을 준다!

도파민, 아드레날린, 세로토닌!

그래서 행복 물질이라는데

성훈이는 안 행복해 보인다.

같이 놀이공원이라도 가야 하나?

놀이 기구가 무서워도 아드레날린은 나온다니까!

아, 그러면 행복 물질이 맞는 거야? 아니야?

사랑의 증거를 찾아라!

"그런데 파토쌤, 사랑에 빠지면 호르몬 말고 몸의 다른 부분에도 변화가 있어요?"

태민이는 이게 제일 궁금했어.

"물론! 사랑은 뇌부터 시작해서 온몸에 영향을 줘. 특히 눈에서 재미있는 변화가 일어나지."

"눈이요?"

"사랑에 빠지면 동공이 커져. 좋아하는 사람을 볼 때 무의식적으로 더 많은 빛을 받아들여서 그 사람을 더 잘 보려고 하는 거야."

신기해서 태민이가 파토쌤 눈을 확인했어.

"앗! 지금 쌤 동공도 정말 커요! 왜 그래요?"

파토쌤이 꿈꾸듯이 말했어.

"고양이를 상상하기만 해도 행복하거든!"

이후로도 파토쌤의 설명은 그칠 줄을 몰랐어.

눈동자 말고 또 다른 변화도 있대. 두 번째로 목소리!

남자는 목소리가 더 낮아지는 경향이 있어. 여자와 대화할 때 무의식적으로 목소리를 깔아. 더 매력적으로 보이려는 행동이지.

세 번째로 피부 감각도 더 예민해져.

좋아하는 사람과 닿으면 더 강한 반응이 나타나는데 뇌에서 특별하게 처리하기 때문이야.

"와……! 뇌는 정말 모든 일을 다 하는구나."

놀라워하는 태민이를 보며 파토쌤이 코웃음을 쳤어.

"그뿐만이 아니야. 면역 체계에도 변화가 생겨. 사랑에 빠져 있으면 면역력이 올라가거든."

태민이는 너무 신기했어.

"사랑에 빠지면 감기에 덜 걸릴까요?"

"그럴 가능성이 있지!

사랑이 건강에 좋은 건 사실이거든."

띠링, 띠링!

책장 사이에서 휴대폰 벨이 울렸어. 파토쌤은 달려가 이름을 확인하더니 전화를 받았어.

"응, 어디쯤인데?"

그러고는 한참 수다를 떠는 거야. 다리까지 달달 떠는 모양이 아주 오래된 친구 같았어.

태민이는 생각했어.

'혹시 취소됐던 과학 모임을 다시 하게 된 걸까? 난 집에 갈까? 도서관에 갈까?'

태민이도 휴대폰에서 친구 번호를 뒤적였어. 부산스럽게 나갈 준비를 하는데 마침 통화를 끝낸 파토쌤이 물었어.

"가? '사랑의 과학' 다 안 끝났는데?"

쩝 하며 입맛까지 다시는 파토쌤은 아쉬워 보였어.

"쌤, 다시 과학 모임 하자는 전화 아니에요?"

"집사람인데? 도로 막혀서 심심하다고."

태민이는 갑자기 사기 당한 기분이었어.

"사랑하면 가슴도 두근거리고 목소리도 멋지게 깐다면서요. 이제 안 사랑해요? 전 남자랑 통화하는 줄!"

"강한 사랑 반응에는 당연히 유효 기간이 있어. 보통 6개월에서 1년!"

태민이는 조금 실망한 표정이야.

"뭐야, 일 년이면 사랑이 사라져요?"

"사라지는 게 아니라 변화하는 거지."

처음의 두근거림과 설렘은 점차 식지만 그 대신 더 안정적이고 깊은 사랑으로 바뀌는 거야.

파토쌤과 부인처럼 말이야.

호르몬의 변화 과정

1단계 (0~6개월)	2단계 (6~12개월)

3단계 (12~18개월)	4단계 (18~24개월)

태민이가 물었어.

"쌤, 근데 왜 어떤 사람은 좋아하게 되고, 다른 사람은 안 좋아하게 되는 거예요?"

"아주 복잡한 질문이네! 여러 이유가 있는데, 생물학적으로는 땀 냄새가 큰 역할을 한다고 알려져 있어."

"땀 냄새라고요?"

다른 사람의 냄새를 맡았을 때, 그 사람의 유전자가 자신과 얼마나 다른지를 감지할 수 있어.

우리가 진짜로 유전자를 감지할 수 있냐고?

물론 직접적인 건 아냐. 우리 몸은 생각보다 더 많은 정보를 감지해. 보통 유전적으로 자기와 다른 사람에게 더 끌려. 그건 더 건강한 자손을 낳으려고 진화한 거야.

태민이가 얼굴을 찡그렸어.

"윽! 자손이라니, 좀 징그러워요!"

파토쌤이 웃었어.

"생물학적인 관점에서 그렇다는 거야."

물론 사랑은 그것보다 훨씬 더 복잡해. 다양한 이유로 더 끌리고 덜 끌리거든.

우리가 느끼는 감정도 과학적으로 설명할 수 있어. 우리 몸이 얼마나 놀랍게 설계되었는지 보여 주는 거지.

그러고 보니 파토쌤은 뭔가 이상함을 감지했어.

'삼촌이랑 친구가 들어야 할 설명을 왜 태민이가?'

파토쌤이 조심스럽게 물었어.

"짝사랑 말이야, 네 친구가 아니라 사실은 네 이야기……."

태민이가 제 가슴을 탕탕 치며 말을 끊었어.

월요일 아침, 태민이는 등굣길에 민수랑 성훈이와 마주쳤어.

민수는 만나자마자 게임 이야기야.

성훈이는 잠을 설쳤는지 멍한 눈이야.

태민이가 뜬금없이 말했어.

"사랑은 치료해야 하는 병, 노노! 너무 빠지지 않게 균형 유지, 아주 중요!"

민수가 인상을 찌푸렸어.

"무슨 헛소리야!"

성훈이가 뜨악한 얼굴로 태민이를 노려봤어.

태민이는 아랑곳 안 했어. 배운 걸 떠올리느라 미처 못 봤거든.

"사랑에 빠지면 조금씩 이상해지는 법이래."

마침내 성훈이 가슴에 비수를 꽂았어.

"힘내라, 최성훈! 길어야 1년이래."

성훈이 얼굴이 붉으락푸르락해졌어. 그런데 희윤이를 볼 때와는 좀 달랐어.

태민이는 아드레날린이 퐁퐁 쏟아져 나왔어.

이게 바로 무서운 흥분? 슬금슬금 뒷걸음질을 치다 냅다 뛰었어.

그 뒤로 성훈이가 호랑이처럼 달려오며 소리쳤어.

"야! 이 모솔 자식! 너, 가만 안 둬!"

태민이가 더 신이 나서 펄쩍 뛰었어. 영문을 모르는 민수는 눈만 껌벅이고 있었어.

상담 실장의 사랑 고민 상담 일지

사랑은 아름다운 화학 반응!

호르몬의 향연 : 사랑의 화학 반응

친구 성훈이랑 삼촌이 사랑에 빠졌어요.
내가 대신 파토 소장님께 고민을 상담했어요.
말하자면 의뢰인이 없는 상담 일지예요.
사랑에 빠졌을 때 몸에서 일어나는 변화에 대해
파토쌤과 함께 알아봤어요.

1. 아드레날린 : 심장 박동 증가, 두근거림
2. 도파민 : 행복감 증가, 좋아하는 사람에게 집중
3. 세로토닌 감소 : 식욕 저하, 잠 못 이룸

♡ 삼촌 화이팅!

✡ 주의 사항
남의 연애는 도와주는 게 아니다!

성훈이가 희윤이를 짝사랑한대요.

사랑의 신체 변화 : 눈부터 발끝까지 몸이 변해요

1. 동공 확대 : 좋아하는 사람을 더 잘 보기 위한 반응
2. 목소리 변화 : 특히 남성은 목소리가 더 낮아짐
3. 피부 감각 증가 : 접촉에 더 민감해짐
4. 면역력 변화 : 초기에는 면역력이 좋아짐

화가 잔뜩 난 수진이가 따졌어.

"네가 어떻게 그럴 수가 있어?"

은지도 짜증스레 되받아쳤어.

"그러는 넌? 내가 잘난 척한다고 했다며?"

수진이는 황당하고 억울했어.

"난 그런 적 없어!"

은지가 바락바락 소리쳤어.

"거짓말하지 마! 이제 너랑 절교야."

마침 파토쌤과 태민이가 그 장면을 목격했어. 태민이가 파토쌤을 나무 뒤로 당기며 속닥였지.

"쌤! 우리 반 애들이에요."

딱 붙어 선 태민이 입에선 카레 냄새가 솔솔 났어.

"너 밥 먹고 또 이 안 닦았지?"

야단을 치는데도 태민이는 씩 웃기만 해. 그 사이 은지는 화를 내며 가 버리고, 수진이는 울음을 터뜨렸어. 숨었던 파토쌤과 태민이는 뻘쭘해졌어.

계속 구경만 할 수 없었는지 태민이가 나섰어.

수진이에게 다가가더니 오빠인 척 달래는 거야.

"울면 지는 거야. 웃는 자가 지구 최강!"

서러움보다 화딱지 나는 감정이 더 큰가 봐.

"야! 나 놀리냐?"

울음을 뚝 멈추고 수진이가 화를 냈거든. 결국 태민이는 등짝을 한 대 맞고 말았어.

손도 안 닿는 등짝을 문지르며 태민이가 물었어.

"은지랑은 왜 싸운 거야? 너희 절친이잖아."

은지 이름에 수진이는 또 울먹였어.

"이제 아니야, 배신자야! 내 비밀을 지켜 준다고 하고선 뒤에서 다 떠들고 다녔대!"

파토쌤이 가방에서 휴지를 꺼냈어. 눈치 없는 상담 실장을 한 번 째려보고 은지한테 상냥하게 말했지.

"속상하겠다. 친한 친구가 배신하면 너무 힘들지."

수진이는 입술을 깨물며 고개를 숙였어.

"너무 억울하고 화나요. 안 울고 싶은데 자꾸 눈물이 나요."

배신은 아파!

그런데 파토쌤도 눈치 없기는 마찬가지야. 이런 순간에도 뇌가 신나게 돌았거든. 아니, 뇌가 이미 과학에 점령당했지.

"그건 우리 뇌가 배신을 특별하게 받아들이기 때문이야."

뜬금없는 말에 눈물을 닦던 은지가 되물었어.

"배신은 가슴으로 느끼는 거 아니에요?"

"우리에게 일어나는 모든 일은 뇌가 제일 먼저 반응해."

파토쌤이 나뭇가지로 흙바닥에 뇌 그림을 그리기 시작했어.

"방금 느꼈던 기분을 모두 말해 볼래?"

"억울해서 답답하고 화가 나요. 또 왜 그런지 가슴도 아파요."

"여긴 우리 뇌의 특별한 부분이지. 몸을 다쳤을 때 아픔을 느끼는 곳인데, 재미있게도 배신감으로 마음이 아플 때도 활동을 해."

파토쌤의 설명에 태민이가 눈을 동그랗게 떴어.

"전혀 다른 두 아픔을 뇌가 비슷하게 느낀다고요?"

"그렇지! 그래서 '마음이 아프다'라는 말은 세계 공통으로 쓰여."

쌤의 보충 설명에 수진이도 놀랐어.

"네? 제가 가슴이 아프다고 느끼는 게 진짜 아픈 거라고요?"

"맞아! 배신당하거나 무시 당할 때, 우리 뇌는 마치 몸이 다친 것처럼 반응해. 이걸 **'사회적 아픔'**이라고 해."

수진이는 슬며시 가슴을 문질렀어.

"그럼 약 먹으면 마음의 상처도 나을까요?"

파토쌤은 재미있는 질문이라고 생각하며 슬며시 웃었어.

"진통제 같은 약이 마음의 아픔도 조금 덜어 준다는 연구 결과가 있지만 잠깐의 효과일 뿐이야."

그 말에 수진이가 시무룩해졌어.

"왜 배신은 마음이 아픈 거예요?"

"우리 뇌는 친구들과 잘 지내는 걸 매우 중요하게 생각하도록 발전했으니까."

사람은 오래전부터 무리를 지어 살았어. 적이나 사나운 동물로부터 몸을 지키고, 식량을 구하기 위해서는 협동이 필요했어. 무리에서 쫓겨나는 건 거의 죽음을 뜻했지.

그래서 우리 뇌는 본능적으로 배신이나 거절을 생존의

위협으로 느낀대.

놀랍고도 흥미로운 쌤의 설명이 계속됐어.

설명을 듣던 태민이가 심각해졌어.

"따돌림당하는 건 정말 무서운 거구나!"

"더 친할수록 배신감은 커지지. 왜냐하면 더 많은 믿음과 기대를 쏟게 되거든."

수진이도 격하게 고개를 끄덕였어.

"맞아요. 은지 말고 다른 애였다면 별로 안 아팠을 거예요."

가라앉은 분위기를 띄우려고 파토쌤이 목소리를 높였어.
"또 하나 중요한 부분이 있어. 바로 **편도체!**"

아몬드 모양의 편도체는 우리 뇌의 경보 시스템 같은 부분이야. 위험을 감지하고 두려움을 느끼게 하는 곳이지.

주로 불안이나 공포 같은 나쁜 경험이나 학습을 기억하고 저장해. 다음에 비슷한 상황이 오면 우리가 위험을 피할 수 있도록 돕는 거지.

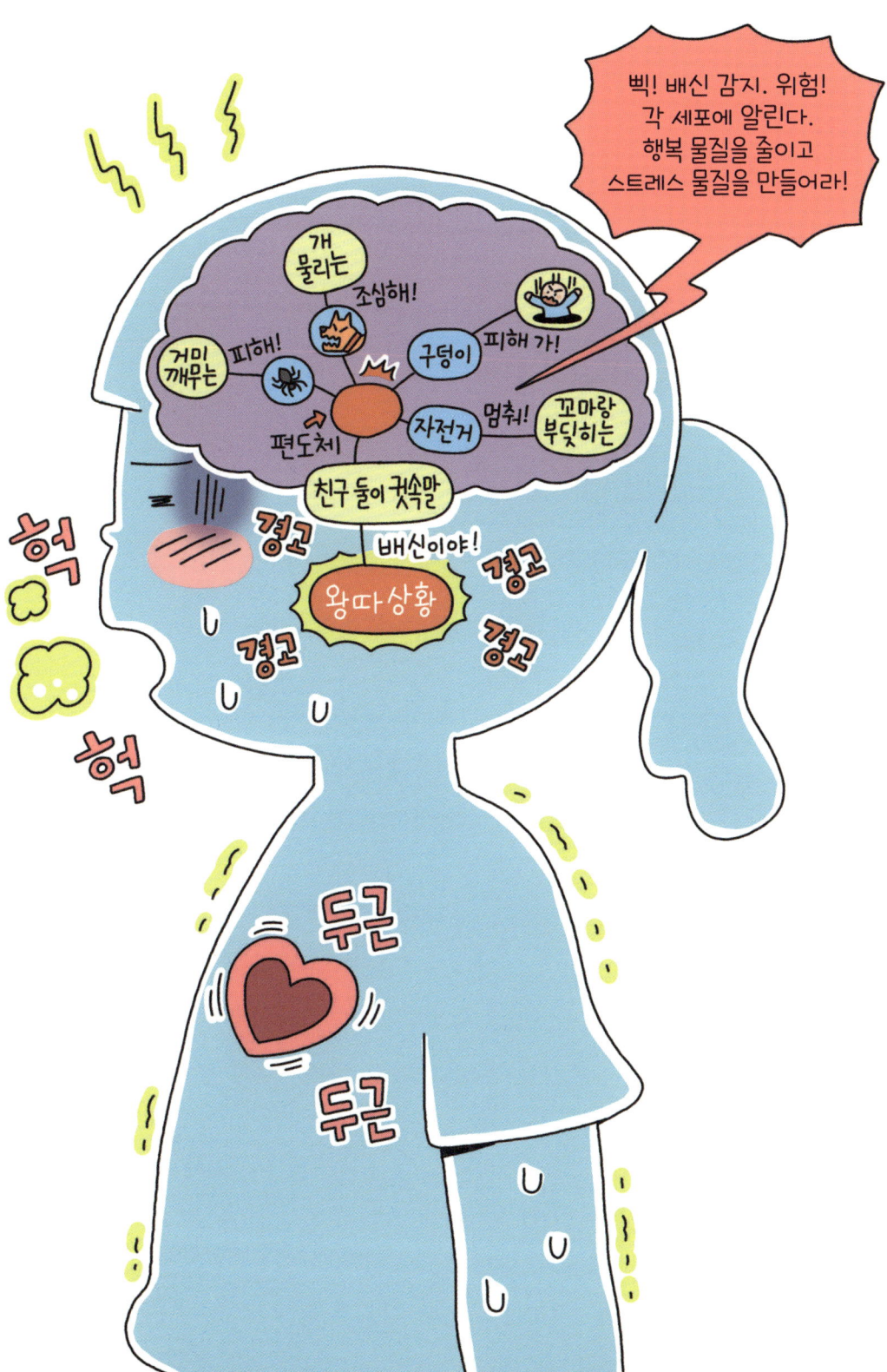

이성보다 감정을 중요하게 생각하는 게 왜 문제일까?

파토쌤이 수진이한테 물었어.

"은지한테 감정이 상해서 아예 보기도 싫으니? 그렇게 되면 마음이 어떨 것 같아?"

수진이는 우물쭈물 대답했어.

"어……, 계속 우울하고 아플 것 같아요."

파토쌤이 빙그레 웃었어.

"맞아. 마음의 상처도 빨리 치료해야 해. 그러려면 이성적으로 은지와의 관계를 잘 해결해야겠지?"

오랫동안 스트레스를 받으면 몸의 방어력이 약해져서 진짜 건강에 문제가 생길 수 있어.

태민이가 갑자기 벌떡 일어나며 외쳤어.

"앗! 찬영이도 상처받았을까요?"

태민이가 어제 일을 와다닥 쏟아냈어.

"어제 친구들이랑 게임했거든요. 여러 번 같이 한 게임인데 찬영이가 너무 못하는 거예요. 하필 팀으로 하는 거라 저랑 애들이 엄청나게 구박했어요."

수진이가 한숨을 내쉬었어.

"휴, 너희는 게임할 때마다 싸우잖아."

파토쌤도 절레절레 고개를 저었어.

배신감도 과학적으로!

수진이가 주저하며 물었어.

"은지가 사과하면 받아 줘야겠죠? 그런데 또 배신하면요?"

수진이는 지금 당장은 은지랑 말도 하기 싫거든.

태민이도 뽀로통하게 거들었어.

"맞아! 나도 그런 적이 있는데, 아직도 가끔 의심스러워."

흠! 파토쌤은 잠깐 고민하더니 설명했어.

"우리 뇌에는 측좌핵이란 신뢰 센터가 있어."

측좌핵은 믿음과 보상에 관련된 부분이야. 배신을 당하면 이 부분의 활동이 변해.

'자라 보고 놀란 가슴 솥뚜껑 보고 놀란다'라는 말 들어 봤지? 배신을 경험한 후에는 우리 뇌가 지나치게 조심하도록 바뀌어.

수진이는 혼란스러웠어. 어쩌면 서로 오해한 것일 수도 있고, 은지가 실수를 깨닫고 잘못을 인정할 수도 있으니까. 일반화로 영영 멀어지는 건 싫었어.

"그럼 어떻게 해요?"

파토쌤이 되물었어.

"가장 중요한 건 네 감정이야. 수진이는 어떻게 하고 싶어?"

"지금은 말하기 싫어요. 전 아직도 화가 나요."

파토쌤은 당연하다는 듯이 고개를 끄덕였어.

"그것도 괜찮아. 회복하는 데 시간이 필요하니까. 네가 느끼는 감정을 알아차리고 표현하는 건 건강한 방법이야."

파토쌤은 건강한 대처법을 알려 줬어.

배신감 이기는 방법

1. 감정 표현하기

적절하게 감정을 표현하면 뇌의 경보 시스템이 진정돼.

2. 운동하기

행복 물질이 많아져서 기분이 좋아져!

3. 심호흡

뇌의 생각하는 힘을 강화하고 스트레스 반응을 줄여 줘!

4. 친구들과 시간 보내기

안전감을 주는 뇌 내 물질이 많아져서 마음이 편안해져!

5. 새로운 활동해 보기

보상 센터가 활동해서 새로운 기쁨을 찾을 수 있어!

6. 충분히 잠자기

감정 조절과 기억 정리에 꼭 필요해!

7. 좋은 일 일부러 찾기

안 좋은 생각의 영향을 줄여 줘!

이런 방법들이 정말 효과가 있을까?

물론이야.

모두 과학적으로 효과가 있다고 증명된 방법들이지. 특히 운동은 스트레스 물질을 줄이고 행복감을 늘리는 가장 확실한 방법의 하나야.

하지만 지금 너무 화가 나서 아무것도 하기 싫다면!

지금 당장 화를 멈추는 방법은 없을까? 이럴 땐 '생각 멈추기'라는 방법을 시도해 볼 수 있어.

속으로 '멈춰!'라고 외치거나, 간단한 행동을 통해 복잡한 생각을 끊는 거야.

"화남 일기를 써 보는 것도 좋은 방법이야."

편지처럼 은지에게 하고 싶은 말을 모두 써.

마음을 글로 적는 것만으로도 뇌가 감정을 처리하는 데 도움이 되거든.

수진이는 당장 가방에서 노트를 꺼냈어.

화남 일기

분명 비밀 지켜 주기로 약속했으면서!

다른 애들한테 말했다는 이야기를 듣고

너무너무 화가 나. 그래서 따지니까

내가 험담하고 다녔다고 오히려 화를 내더라.

난 그런 적 없어. 너무너무 억울해.

어떻게 내 말보다 다른 애들 말만 믿을 수 있어?

진짜 네가 미워.

어? 그런데 내 비밀 말한 사람 너 맞지?

혹시 이것도 오해면 어쩌지?

수진이는 처음에는 손이 떨릴 정도로 화가 났지만, 글을 쓰면 쓸수록 마음이 조금씩 가라앉는 것을 느꼈어.
감정은 시간이 지나면서 점점 약해지기도 하니까.

태민이가 수진이 어깨에 팔을 척 올렸어.

"친구! 게임은 배신을 안 해. 스킬이 쌓이면 레벨이 올라가지."

제 딴에는 위로였는데,

수진이는 태민이 팔을 내리며 눈을 흘겼어.

"또 게임이야? 안타깝게도 네 가치는 조금 떨어졌어."

"어떻게 그럴 수가!"

호들갑 떠는 태민이를 말리며 파토쌤이 피식 웃었어. 수진이가 조금 강해진 것 같았거든.

그리고 누구나 겪는 일이기도 해. 여러 경험이 우리를 더 강하게 만들고, 배신을 통해 진짜 소중한 관계가 무엇인지 깨닫게 되지.

수진이의 친구 관계 고민 상담 일기

일주일 후, 수진이가 혼자 상담소를 찾아왔어.

"저, 은지랑 화해했어요. 은지도 절 오해했대요."

수진이는 한결 밝은 얼굴이었어.

"제가 새로 사귄 친구들하고 더 친한 것 같아 외롭고 화가 나서 그랬대요."

파토쌤은 고개를 끄덕였어.

"잘됐다. 배신에는 가끔 오해나 상처가 숨어 있기도 하니까 대화가 꼭 필요해."

절친이라도 서로 존중하고 가끔은 거리를 유지해야 건강한 관계로 발전해. 그래서 다양한 친구도 필요하지.

그런데 어쩐지 파토쌤 표정이 우울해 보였어.

"혹시 어디 아프세요?"

은지 질문에 파토쌤이 창가를 가리켰어. 거기엔 시들시들 죽어 가는 칼랑코에 화분이 있었어.

"아프지! 꽃도, 내 맘도!"

파토쌤은 도무지 이해할 수 없었어.

날마다 흙이 말랐는지 손가락으로 찔러 확인하고 햇볕, 물, 바람 다 따져가며 정성껏 키웠거든. 아주 과학적으로! 그런데 키우는 식물마다 죽는 거야.

'파토쌤도 못 하는 게 있다니!'

수진이는 허리에 손을 척 올리고 엄마 흉내를 냈어.

"식물에도 약간의 거리가 필요해요. 지나친 관심에 식물도 스트레스 받지 않겠어요?"

파토쌤은 생각지도 못한 답이었어.

맞아, 스트레스는 위험해. 그럴 땐 좋은 생각과 긍정적인 활동이 필요해! 지금 파토쌤에 필요한 긍정적이고 좋은 생각은 역시 과학이지.

"흠! 지나친 관심이 문제였군."

파토쌤은 바로 기운을 차렸어.

"네가 문제를 잘 이겨 냈으니까, 나중엔 비슷한 일이 생겨도 덜 아프게 더 잘 대처할 수 있을 거야."

어려운 경험을 잘 해결하면 뇌의 대처 능력이 강해져.

근육을 키울 때랑 마찬가지로 감정 회복력이라는 근육이 발달하거든.

이번엔 파토쌤 눈이 반짝였어.

"오! 학습 능력이 뛰어난걸?"

"다 쌤 덕분이에요! 정말 감사해요."

수진이는 활짝 웃으며 상담소를 나섰어.

파토쌤은 창가에 서서 씩씩하게 걸어가는 수진이를 지켜보며 오래전에 저장된 기억을 더듬었어.

사실, 파토쌤도 수진이와 비슷한 경험을 했거든.

추억 여행은 아주 짧게 끝났어.

태민이가 퉁탕거리며 들어왔거든.

"쌤, 저 지금 기분 짱짱 나빠요!"

씩씩거리며 들어오는 표정이 예사롭지 않아.

"생각할수록 열 받아요!"

또 뜬금없이 말하는 건 태민이 습관이야.

파토쌤은 또박또박 힘줘 말했어.

"앞뒤 정확하게! 무슨 일인지부터 왜 기분이 나쁜지 차례대로 말해야지!"

저번에 찬영이한테 사과하라고 하셨잖아요. 까먹었다가 오늘 생각나서 사과했더니 글쎄…….

이야기하다 보니 태민이는 또 짜증이 났어.

"걔 기억력에 문제 있는 거 아니에요?"

파토쌤은 옳다구나 싶어 고글을 썼어.

저번에 편도체를 알려 주면서 설명 못 한 게 있었거든.

바로 해마야!

"우리 뇌의 기억 시스템은 정말 신기해. 특히 강한 감정이 있었던 기억은 더 오래 남아. 바로 장기 기억력이지."

찬영이가 아주 오래간만에 게임에서 이겼을 때, 기분이 어땠을까? 아마 아주 좋았을 거야.

그런데 이때 '너 반칙 썼지?' 하고 누가 말하면?

엄청 화가 나고 슬퍼서 속이 부글부글 끓을 거야.

너무 억울해서 '이건 중요하니까 잘 기억해!'라고 기억 창고에 넣는 거야.

어쩌다 비슷한 상황이 생기면 바로 기억 창고에서 그 기억을 꺼내서 '너 저번에도 그러더니 만날 나한테 그러냐?' 하고 반격하는 거야.

딱 한 번 그랬다는 건 별로 안 중요해서 기억 창고에 없거든.

"헉! 그럼, 찬영이가 그걸 영원히 기억해요? 그런데 저도 억울해요. 어떻게 딱 한 번을 날마다 그런 것처럼 기억하냐고요!"

화도 나고 걱정도 됐어. 찬영이랑 자주 싸웠지만 여전히 친한 친구였거든. 파토쌤이 바로 위로했어.

"찬영이한테는 그 기억이 너무 강력했던 거지."

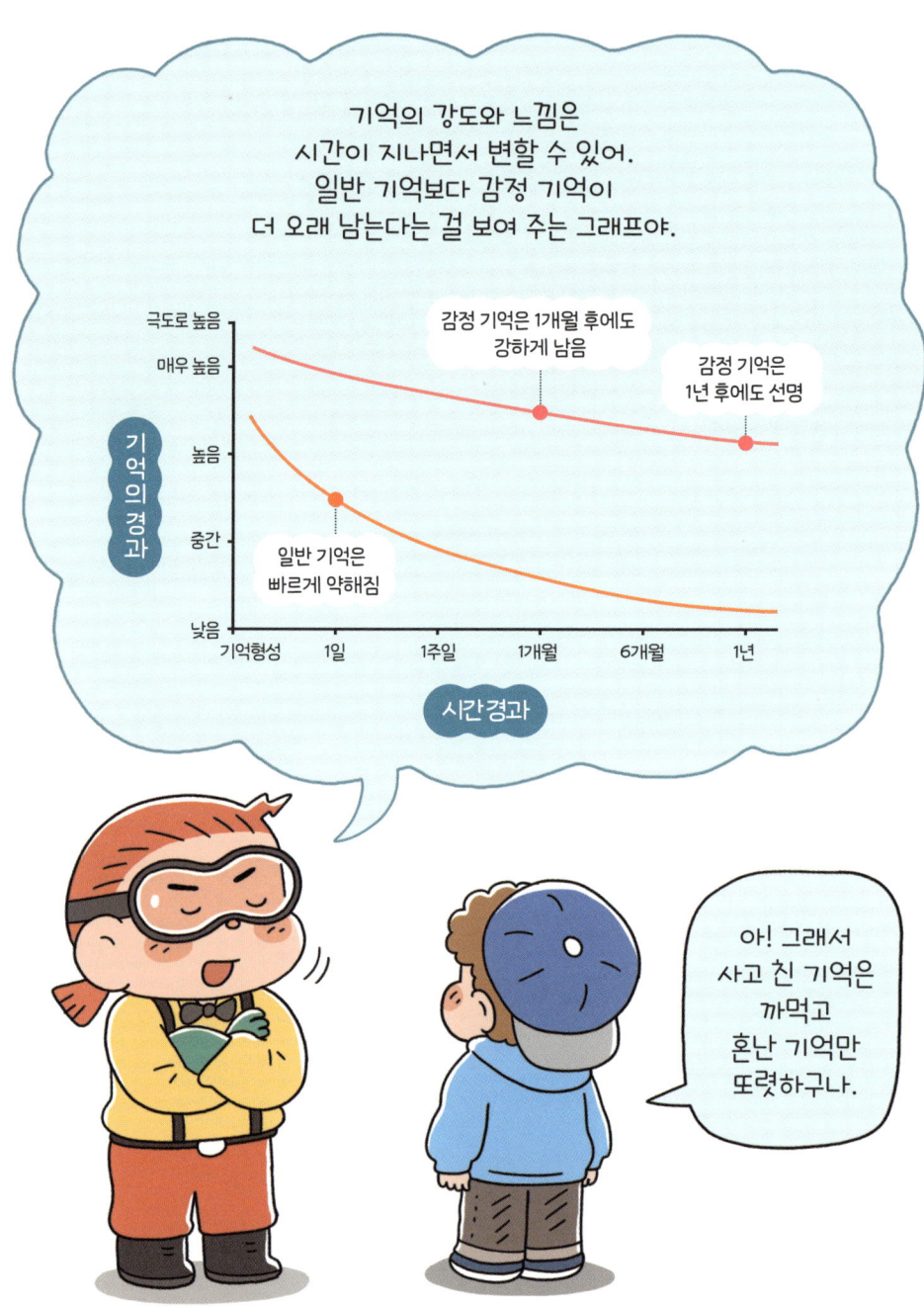

"기억이 바뀔 수도 있다고요?"

맞아!

기억은 실제 경험과 똑같지 않을 수 있어.

우리가 기억을 떠올릴 때마다 그 기억은 다시 저장돼.

문제는 시간이 지나면서 겪었던 일과 감정이 조금씩 바뀔 수 있는 거야. 이걸 '기억 다시 만들기'라고 해.

말하자면 진짜 경험과 기억된 경험이 조금 달라지는 거지.

같은 일을 겪어도 사람마다 다르게 기억하는 이유야.

그럼 나쁜 기억을 좋은 기억으로 바꿀 수도 있을까?

완전히 바꾸기는 어려워. 대신 좋은 기억을 많이 만들면 나쁜 기억이 줄어들어. 그러다 보면 우리의 생각과 감정은 더 좋은 쪽으로 옮겨 가.

이걸 **'생각 다시 만들기'**라고 해.

무조건 좋은 감정만 있는 것도 좋은 건 아냐. 나쁜 감정에서도 배우는 게 있으니까. 시소처럼 오르락내리락하는 감정이 균형을 잃지 않도록 노력하는 게 더 중요하지.

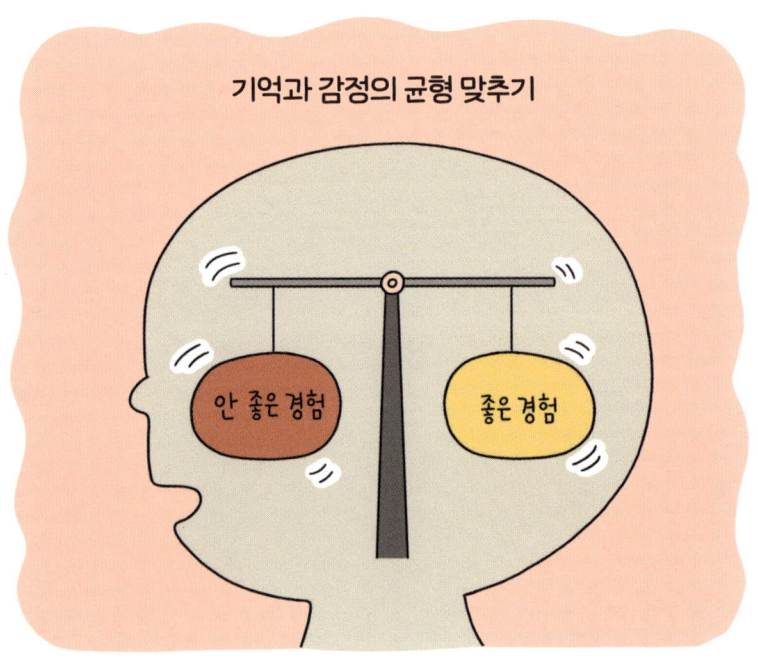

그 시간, 찬영이도 안절부절못하는 중이야.

사과하는 친구한테 시비를 건 행동은 잘못이거든.

사실 찬영이도 축구할 때마다 태민이를 놀려. 뜨는 볼만 찬다고 '핵똥발'이라고 말이야.

태민이가 고개를 끄덕이며 말했어.

"우리 뇌가 이렇게 복잡하고 신기한 줄 몰랐어요. 근데 이런 것들 다 알면 실제로 어떤 데에 도움이 돼요?"

"중2병에 특히 효과적이지."

태민이가 끔찍하다는 표정으로 소리 질렀어.

"전 중2병 걸리기 싫어요!"

"그래서 뇌 공부가 필요한 거야. **'생각 지켜보기'**라는 능력을 키워 볼래?"

 태민이가 질색하며 조금 떨어져 앉았어.

"뭔가 스토커 같아요!"

그런데 파토쌤이 너무 좋아하는 거야.

"그거 이름 좋다! 무인 스토커! 말 그대로 자기 생각과 감정을 밖에서 바라보는 능력이거든."

태민이는 여전히 이상했지만, 쌤이니까 믿을 수밖에.

"어떻게 하는 건데요?"

파토쌤이 먼저 눈을 감으며 차분하게 말했어.

"눈을 감고, 내 머릿속에 창문이 있다고 생각해. 창문 너머에 내가 생각하는 것들이 있어. 차분하게 그 생각을 들여다봐."

태민이도 파토쌤을 따라 눈을 감았어. 생각을 지켜본 지 1분이나 지났을까?

드르렁 도로롱

둘의 코골이가 합창을 시작했어. 아! 파토쌤이랑 태민이가 어려운 공부를 너무 많이 해서 뇌가 조금 쉬라고 명령한 걸 거야, 분명! 어때, 우리 뇌는 정말 신기하지?

 수진이의 감정 일기장

1일
화나. 짜증 나.
억울해. 다 미워!

2일
오해였다니!
그래도 찝찝해.
마음이 불편해.

3일
은지랑 다른 친구들과
같이 놀았어.
약간 거리감이 느껴졌지만
조금 즐거웠어.

4일
나와 비슷한 일을 겪은
지연이 위로.
다른 사람을 돕는 힘이
생긴 것 같아 좋아.

5일
매일 고마운 일을 쓰니
좋은 일이 더 많게
느껴져 행복.

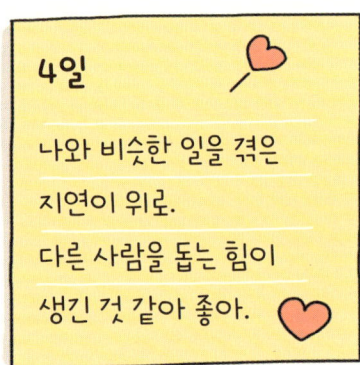

6일
나의 소중한 사람들

상담 실장의 친구 관계 고민 상담 일지

경험은 나를 강하게 만들어!

나한테 또 핵똥발이라고 하다니! 복수할 테다!

감정과 뇌 : 수진이와 상담 실장의 배신감 탐구

친구 수진이가 절친에게 배신감을 느껴 상담해 줬어요.
파토쌤이 배신감을 이겨 낼 수 있는 여러 가지 방법을 알려 주셨어요.
다행히 서로 오해했던 부분이 있어서 잘 풀었어요.
더불어 저도 친구 찬영이와 서로 배신감을 느낀 사건이 있었어요.
쌤이 가르쳐 준 대로 대화로 풀었는데,
아무래도 또 싸울 것 같아 조금 걱정이에요.

태민이는 점심을 먹자마자 운동장으로 달렸어. 친구들과 축구할 생각이었거든. 하필, 6학년 형들이 골대를 차지하고 있었어. 어쩔 수 없이 계단에 앉아 경기를 구경했지.

"왼쪽, 수비!"

수비를 외치는 고함이 운동장에 쩌렁쩌렁 울렸어. 바로 그때 한 명이 빠르게 치고 나왔어.

3명의 수비를 그림처럼 뚫더니, 골키퍼가 손쓸 새도 없이 강력한 킥이 공을 날렸어.

골~인!

찬영이 팔을 번쩍 올린 채 방방 뛰며 말했어.

"와! 수비 제치는 거 봤어? 예술이다."

태민이도 눈을 떼지 못할 정도로 멋진 골이었어.

돌아서서 세리머니를 하는 형의 얼굴이 어쩐지 익숙해. 다시 보니 같은 피아노 학원에 다니는 현우 형이야!

'저 형, 못하는 게 뭐지?'

현우는 막 엄마랑 싸우고 집을 뛰쳐나왔어.

공부, 공부, 공부!

"내가 공부만 하는 로봇이야?"

화를 내고 나왔더니 현우는 기분이 더 안 좋았어. 나쁜 마음만 축구공처럼 부풀어 올랐어.

"내가 하고 싶은 건 아무것도 못 하게 하고, 하기 싫은 건 자꾸 시켜! 엄마 아빠 진짜 다 별로야."

현우는 버려진 음료수 깡통을 냅다 걷어찼어.

"뭐, 뭐야?"

파토쌤이 뒤통수를 부여잡고 엉거주춤 일어났어.

휙휙, 주변을 살피니 로봇처럼 굳은 현우가 보였지. 아이가 더 놀란 것 같아서 주의만 주려는데, 어어? 잠깐 주춤거리더니 냅다 도망을 치는 거야.

사과 한마디가 뭐가 그렇게 어렵다고, 조금 괘씸했어.

파토쌤은 몰랐어. 한 손엔 강아지풀을 들고, 실험용 고글까지 끼고 있는 어른이 애들 눈에 얼마나 수상쩍게 보이는지. 그래도 그렇지, 사과는 빠를수록 좋은데…….

"어디 뒀더라?"

돌아온 파토쌤은 상담소를 뒤적였어. 요즘 동네 애들 분위기가 영 꽝이었어. 이럴 때는 애들한테 이벤트가 필요해. 겸사겸사 상담소 홍보도 하고 말이야.

태민이한테 옮았는지,

"호르몬, 호르몬, 신나는 호르몬~."

이상한 노래가 절로 나왔지. 노래는 엉망이지만 준비물은 착착 완성됐어.

드디어 준비를 마치고는 애들에게 메시지를 보냈지.

쿵쿵, 뭔가 재미난 냄새가 솔솔 나!

태민이는 궁금해서 내일까지 기다릴 수가 없었어. 바로 상담소로 달렸지.

도착 직전 앞서 걷는 어깨가 축 처진 모양이 아는 형이야.

"현우 형!"

뒤돌아보는 형 얼굴에 '나, 우울해!' 하고 쓰여 있었어. 들어 보니 엄마랑 싸우고 집에 가기 싫다는데, 옳다구나 싶었지.

"아무거나 상담소 가는 길인데 형도 같이 갈래?"

현우는 좀 망설였어. 파토쌤 이야기야 많이 들었지만 가 본 적이 없거든.

오늘따라 태민이가 적극적이야. 파토쌤이 하는 건 무조 건 재밌는데 둘이면 재미가 두 배일 것 같았거든.

"가자, 형! 파토쌤은 뭐든 다 해결해 준다니까!"

반신반의했지만 현우는 태민이 열정에 떠밀렸어.

그냥 또 신이 난 태민이가 외쳤어.

"쌤! 손님이랑 둘이요!"

손님 아니라 의뢰인이라고 그렇게 말했건만! 퉁을 주려 다 파토쌤은 현우랑 눈이 마주쳤어.

"어? 깡통 친구!"

현우 얼굴이 달아오르고, 태민이 웃음보는 터졌어.

"푸하! 학교에서 별명이 답안지인 형이 깡통 친구라니."

더 부끄러워진 현우는 사과부터 했어.

호들갑을 떨다 태민이는 뒤늦게 문자 생각이 났지.

"아참! 쌤, 우리 탐정단 생겨요? 너무 궁금해서 기절할 뻔했어요."

파토쌤은 뜨끔했어. 깡통 소년, 아니 현우를 만나고 생각나서 만든 모임이었으니까.

이럴 땐 파토쌤도 시치미 뚝이지!

"요즘 친구들이 감정도 오르락내리락, 고민이 많잖아? 거기엔 숨겨진 과학적인 이유가 있거든! 그래서 탐정단을 만들어 특별 체험을 해 보려고."

태민이가 급하게 장단을 맞췄어.

"두구두구! 그것은 바로!"

파토쌤도 간만에 분위기를 타서 한쪽 눈을 찡긋했어.

"호르몬 탐정단이란다!"

현우한텐 어안이 벙벙할 환상의 콤비였어.

"호르몬 탐정이 돼 사춘기 미스터리를 풀어 볼 거야."

사춘기란 말에 현우가 움찔하는 걸 파토쌤은 바로 눈치챘지. 그래서 급하게 덧붙였어.

"하지만 내일까지 기다리기 힘든 친구를 위한 특별 미션!"

현우는 자기도 모르게 '두구두구!'라고 중얼거리고 있었어.

"호르몬 본부 침투 작전!"

호르몬 본부 침투 작전

파토쌤 일행은 3D 안경을 끼고 자리에 앉았어. 실제로 뇌 속 여행을 떠나는 기분이었어.

따~라라, 따~라라!

태민이 노래를 끊고 파토쌤이 지시봉으로 가리켰어.

"이곳이 바로 호르몬 본부야! 우리 몸에서 호르몬이 만들어지는 비밀 기지들이지."

파토쌤이 탐정 모자 안에서 작은 상자를 꺼냈어. 상자 속엔 알록달록한 구슬들이 들어 있었어.

"이 구슬들은 성장에 중요한 사춘기 호르몬들이야."

파토쌤이 빨간 구슬을 집었어. 남자한테 특히 많이 분비되는 테스토스테론!

파토쌤이 악당 표정으로 웃으며 말했어.

"이 사춘기 호르몬에는 특별한 부작용이 있어. 바로 감정을 롤러코스터로 만드는 거야!"

"롤러코스터요?"

두 아이가 동시에 물었어.

"그래! 사춘기 호르몬은 우리 기분과 감정에 큰 영향을 줘. 갑자기 화가 나기도 하고, 부모님의 모든 말이 잔소리로 들리기도 하고……."

현우는 깜짝 놀랐어. 딱 자기 이야기였으니까.

"제가 요즘 자꾸 짜증 나는 것도 호르몬 때문일까요?"

"그럴 가능성이 높지! 사춘기에는 뇌의 구조도 바뀌거든."

이 시기에 감정과 이성의 발달 속도가 다르면서 문제가 생겨. 그게 뭐냐고?

"사춘기엔 이성보다 감정이 앞선다는 거지."

현우는 홀린 듯이 고개를 끄덕였어.

"맞아요! 저도 오늘 엄마한테 사소한 걸로 짜증 냈어요. 그러고 나니 바로 더 우울했고요."

현우만 그러는 게 아니야. 감정이 앞서 불같이 화냈다가 금방 '아, 내가 왜 그랬지?'라고 후회하는 경우가 많거든. 다 사춘기 호르몬 때문이지.

학교 다녀와서 손부터 씻고 가방도 제자리에 놓으라는 엄마 말이 다 옳은데 피곤하다고 나중에 한다고 짜증 냈던 게 생각났거든.

축구하자는 아이들 연락을 받고 오늘만 피아노 학원 빠지겠다고 했다가 공부, 또 공부하라는 엄마 말에도 짜증이 났었고.

현우는 호르몬이 더 궁금해졌어. 그런데 어쩐 일로 파토쌤이 설명을 딱 멈추는 거야.

"이론 수업은 여기서 끝!"

본부 침투 대성공을 기념하며 코코아 한 잔씩을 짠! 하고 어영부영 헤어졌어.

현우의 사춘기 고민 상담 일기

현우의 호르몬 반성문

내가 사춘기라니!!!
요즘 이상하게 기분이 들쭉날쭉하다 했더니…….

사춘기에는 합리적인 판단이 어려울 때라니까
가능한 행동이나 말을 조심하자. 다 흑역사가 된다, 흑흑!
기필코 내일 파토쌤 체험단에 참가해야지!

사춘기, 감정의 롤러코스터를 타다!

토요일 아침, 파토쌤은 커다란 가방을 메고 아이들을 기다렸어. 10시가 되기도 전에 네 명이 모였지. 못 온다는 수진이 대신 성훈이가 와서 준비한 배지 숫자가 딱 맞아.

"어서 와, 탐정님들!"

파토쌤이 성훈이 가슴에도 '탐정' 배지를 달아 줬어. 그새를 못 참고 태민이가 물었어.

"쌤, 우리 어디 가요? 뭐 해요?"

파토쌤도 조금 흥분 상태야.

"호르몬 탐정단 특별 미션을 할 거야. 바로 사춘기 감정 체험 롤러코스터 타기!"

그게 뭔지 셋 다 몰랐지만, 파토쌤 차를 타고 가는 동안 다들 가슴이 두근두근! '체험'이란 이름만으로도 기대감에 차올랐어.

"파토쌤, 저걸 진짜 타는 거예요?"

태민이 목소리가 떨렸어. 설마 이런 체험일 거란 생각은 못 했거든.

"물론이지! 사춘기 호르몬의 변화를 몸으로 느껴 보는 거야."

달달 떠는 건 현우도 마찬가지야. 성훈이만 눈을 반짝였지. 파토쌤이 다시 물었어.

"준비됐니? 사춘기 감정은 롤러코스터 같은 거야. 자, 직접 체험해 볼 시간이야!"

그 순간 혼자 죽을 순 없다는 각오로 태민이가 현우에게 어깨동무했어.

"형도 나도 처음이니까 같이 한번 타 봐요!"

안 오길 바랐던 차례가 왔어. 겁 없는 성훈이와 파토쌤이 앞, 겁쟁이 짝꿍 둘이 뒤에 앉았어.

두근두근!

드디어 롤러코스터가 움직이기 시작했어.

"첫 구간은 천천히 올라가. 다들 지금은 어떤 기분이니?"

이 와중에도 파토쌤은 호르몬 생각이야.

"어휴…… 엄청 긴장돼요."

"약간 설레고 좀 기대돼요."

"좋아! 그게 바로 사춘기 초기 감정이야. 새로운 변화에 대한 기대와 불안이 섞여 있지."

드디어 꼭대기에 도착하자 모두 감탄했어.

"우아! 놀이공원 전체가 다 보여요!"

"사춘기가 되면 세상을 보는 시각이 넓어져. 부모님만이 전부였던 세계에서 벗어나서 전보다 더 큰 세상을 보게 되니까!"

경치 구경은 3초로 끝났어. 롤러코스터가 급하강 하기 시작했거든!

 올라오던 것과 전혀 다른 무시무시한 속도였어. 사방에서 비명이 터졌지.

 "으아아아악!"

 네 사람 모두 소리를 질렀어. 둘은 신이 나서, 둘은 겁이 나서! 심장이 쿵쾅거리는 건 넷 다 똑같았어.

호르몬이 빠르게 분비되는 부분이야!

갑자기 모든 게 빨라지고 통제할 수 없는 느낌!

방향 감각이 없어졌어.

좀 어지러워.

으악! 토할 것 같아.

사춘기에는 감정도 이렇게 예측할 수 없이 변하지!

롤러코스터에서 내릴 땐 다리가 후들후들 떨렸어. 현우랑 태민이는 비틀거리며 겨우 벤치에 앉았어.

"후유…… 진짜 무섭다."

그런데 이상해. 분명 무서웠는데, 꼭 무섭기만 한 건 아닌 듯한 기분! 이게 뭐지?

바로 파토쌤이 원한 완벽한 사춘기 감정 체험이지.

이제 잊기 전에 롤러코스터를 타면서 느낀 감정들을 정리할 시간이야. 체험은 기록이 아주 중요하거든. 파토쌤이 '호르몬 탐정단'이란 글씨가 적힌 작은 노트와 볼펜을 나눠 줬어. 모두 벤치에 앉아서 감정을 적기 시작했지.

현우가 조심스럽게 고민을 털어놨어.

"사실, 요즘 제가 나쁜 아이가 된 것 같거든요. 막 부모님이 밉다가 또 죄송하고……. 이것도 호르몬 때문에 그런 걸까요?"

파토쌤은 별일 아닌 듯 대답했어.

"맞아! 자연스러운 거야. 롤러코스터처럼 감정이 빠르게 변하는 건 사춘기의 정상적인 과정이거든."

현우는 여전히 고민이었어.

"롤러코스터는 위험해 보이지만 안전장치가 있잖아요. 사춘기에도 안전장치가 있을까요?"

파토쌤은 마치 기다렸다는 듯이 대답했어.

"그래서 준비했지. 일단 따라와."

엄마 아빠와 마음 연결하기

대관람차 앞에 도착하자 파토쌤은 수상쩍을 정도로 커다란 가방에서 주섬주섬 뭔가를 꺼냈어. 골판지로 만든 목걸이였어. 애들 목에 하나씩 걸어 주며 말했어.

"이제부터 역할극 미션을 통해 시간 여행을 떠날 거야."

그러더니 대관람차를 척 가리키는 거야.

"우리가 타게 될 시간 이동 장치지."

태민이 입을 떡 벌리고는 영혼 없이 물었어.

"쌤! 꼭 대관람차처럼 생겼네요. 제 착각일까요?"

"상담 실장, 그런 건 좋은 질문이 아니야."

딴소리할 때만 상담 실장이라 부른다며 태민이 투덜거렸어. 아무튼 시간 이동 장치에 무사히 탑승했어.

똑같거나 비슷한 말을 들었을 때, 과거와 현재의 나는 어떻게 달라졌을까?

같은 말인데도 나이에 따라 왜 다르게 들릴까?

바로 호르몬과 뇌 발달 때문이야.

어렸을 때는 부모님을 절대적으로 믿고 신뢰하지. 하지만 조금씩 자라 사춘기에 가까워지면 독립성을 추구하는 호르몬들이 분비돼. 이것도 자연스러운 성장 과정이야.

"별로 자연스럽지 않은 것 같은데요."

성훈이가 중얼거렸어.

"자연스러운 것 맞아. 어릴 때는 부모님에 대한 의존도가 높지만, 점점 독립하려는 욕구가 커지지."

"그러다 미움 받으면 어떻게 해요?"

현우는 이게 제일 걱정이었어.

엄마에게도 잔소리하는 건 귀찮고 싫은 일이야. 그러면 왜 하느냐고? 내 아이가 잘되길 바라는 마음 때문이지. 이것저것 자꾸 시키는 건? 아이가 어떤 걸 잘하는지, 좋아하는지 찾고 싶은 거야.

단, 부모님도 때로는 방법이 서툴 수 있어. 갑자기 변한 아이 때문에 혼란스러워 당황하고 실수도 하지.

미움받지 않을 안전장치는 필요해

서툰 아이와 엄마에겐 튼튼한 연결이 필요해.
연결에 꼭 필요한 건 '이해'와 '소통'이지. 이해하지 않고,
소통하지 않으면 서로를 알 수 없으니까.
파토쌤이 제안한 '화해의 다리' 미션이야.
셋은 나무 퍼즐에 무언가를 쓰기 시작했어.

다 쓴 퍼즐로 부서질 듯한 다리를 고칠 차례야.

파란 '이해' 퍼즐을 끼운 다음에, 옆에 분홍색 '소통' 퍼즐을 끼웠어. 셋이 힘을 합치니 금방 알록달록 화해의 다리가 완성됐어.

파토쌤이 탐정 망토를 펄럭이며 얼싸안았어. 그냥 미션인데도 부모님과 진짜 화해한 듯이 기분이 좋았어.

"뭔가 마음이 편해요. 그리고 엄마 아빠도 저만큼 힘들 거라는 생각이 들어요."

이제 사춘기는 다 극복한 듯 현우 대답이 아주 의젓했지.

하지만!

사춘기 호르몬은 그렇게 호락호락하지 않아. 언제 또 감정 롤러코스터를 태울지 모르거든.

파토쌤이 작은 책자를 꺼냈어.

"사춘기를 잘 헤쳐 나갈 수 있는 비법이 들어 있지."

성훈이가 딴지를 걸었어.

"그런데 파토쌤, 부모님이 절 이해 못하면요?"

내가 부모님을 잘 이해해도 부모님이 날 이해 못하면 말짱 헛수고잖아?

"좋은 질문이야!"

파토쌤은 이것도 이미 준비가 됐어. 요술 망토인지 보자기인지 안에서 뭔가가 끊임없이 나와.

"부모님께 드려."

'부모님을 위한 사춘기 이해 가이드'를 셋에게 척척 나눠 주는 거야. 태민이가 후루룩 넘겨 봤어. 사춘기 아이들의 변화와 성장 과정에 대한 설명이었지.

"와! 쌤 언제 이런 것까지 준비하셨어요?"

애들 감탄에 파토쌤 어깨가 으쓱 올라갔어.

이제 집에 갈 시간이야.

"파토쌤! 정말 효과가 있었어요! 저, 어제부터 피아노 학원 대신 축구 클럽 다녀요!"

파토쌤이 물개 박수를 쳤어.

"오, 잘됐다. 좋은 변화구나!"

축구 복장에 환한 미소가 흘깃 봐도 행복한 축구 소년이야. 평소라면 더 호들갑일 태민이는 어쩐지 조용해.

"피아노 끊은 거면 형 이제 못 봐요?"

현우가 학원에서 모르는 문제도 잘 알려 줘서 좋았거든.

현우가 자기만 믿으라는 듯 가슴을 팡팡 쳤어.

"클럽 가는 길에 자주 들를게. 쌤, 그래도 되죠?"

당연하지! 여긴 누구에게나 열린 아무거나 상담소니까.

현우가 오늘 들른 가장 큰 이유!

"쌤, 제 사춘기가 끝난 건 아니죠?"

보통 몇 년은 가지만 사람마다 다르고, 어떻게 보내느냐가 더 중요하지.

"걱정하지 마. 배운 만큼 잘 이겨 낼 거야."

현우는 이 말을 듣고 싶었나 봐. 믿고 지켜보겠다는 말이 무척 뿌듯하거든.

"좋아! 현우를 특별 조수로 임명하지."

파토쌤이 새로운 '사춘기 탐정' 배지를 달아 줬어.

"이 배지를 궁금해하는 친구들을 도와주는 임무야."

현우가 '네!' 하고 경례를 했어. 그러고는 올 때보다 더 활기차게 상담소를 나섰어.

사춘기 모험은 계속되겠지만 마냥 어렵지는 않을 거야. 이해하고 소통하는 법을 배웠으니 더 성숙하고 멋진 어른이 될 거라고 파토쌤은 굳게 믿었어.

상담 실장의 사춘기 고민 상담 일지

사춘기는 성장한다는 증거!

사춘기 호르몬: 이해와 소통
현우 형이 부모님과 진솔한 대화를 나누고, 서로의 상황을
이해하게 됐어요. 피아노 학원 대신 축구 클럽에 가기로 하며
모두 만족스러운 해결책을 찾았죠.

첫째 날:
부모님과의 갈등으로 고민인 현우 형을 만남.
'호르몬 탐정단' 활동으로 사춘기에 일어나는 변화의
과학적 원리를 배웠어요.

나만 알고 싶은 최고 스킬! 모르면 손해!

둘째 날:

*** 롤러코스터 체험**

롤러코스터를 타면서, 오락가락하는 사춘기의 감정을 실감 나게 경험했어요.

*** 부모님 마음과 연결하기**

시간 여행 역할극을 통해 과거와 현재의 반응 변화를 체험했어요. 이해와 소통의 다리를 만들며 서로의 상황을 이해하고 대화하는 방법을 배웠어요.

호기심은 필수, 질문은 습관!

나는 태민이. 아무거나 상담소 상담 실장이야. 이번에도 세 가지 고민을 해결했어. 혹시 그 세 가지 중에서 네가 고민하던 문제가 있었어? 있었다면 도움이 됐으면 좋겠다.

아, 너한테 알려 줄 게 하나 있어. 예전에 쌤이, 내가 궁금한 게 많다는 점이 아주 기특하댔거든! 그게 농담인 줄 알았는데 진짜였어. 호기심은 꼭 필요하대. 질문하는 습관은 더 중요하고. 호기심 있어야 새로운 것을 배우고 성장하고 발전할 수 있대.

"뚱땅뚱땅!"

아, 왜! 흐름 끊기게 기타를 치시는 거야! 쌤이 과학덕후지만 저렇게 가끔 기타를 뚱땅대며 노래도 하시거든.

"쌤, 저 이야기 중이잖아요. 헷갈리니까 기타 좀 이따가 치시면 안 돼요?"

"띠리링 띠링!"

앗! 왜 심술이셔? 빨리 끝내야겠다. 내가 어디까지 이야기했더라? 맞다. 호기심이 생기면 질문이 필요하댔잖아. 고민이 생기면?

정답은 '아무거나 상담소'야. 쌤 때문에 까먹은 이야기는 다음에 들려줄 테니 또 만나, 꼭!

엉뚱한 과학덕후 파토쌤의
찌릿찌릿 상담소
사랑·우정·사춘기가 조마조마해!

1판 1쇄 인쇄 2025년 11월 25일 | 1판 1쇄 발행 2025년 12월 20일

글 원종우 이선강 | **그림** 유영근 | **감수** 와이즈만 영재교육연구소
발행처 와이즈만 BOOKs | **발행인** 염만숙 | **출판사업본부장** 김현정 | **편집** 김예지 양다운 이지웅
기획·진행 CASA LIBRO | **디자인** 퍼플페이퍼 | **마케팅** 강윤현 장하라

출판등록 1998년 7월 23일 제1998-000170 | **제조국** 대한민국
주소 서울특별시 서초구 남부순환로 2219 나노빌딩 5층
전화 마케팅 02-2033-8987 | **편집** 02-2033-8928 | **팩스** 02-3474-1411
전자우편 books@askwhy.co.kr | **홈페이지** mindalive.co.kr | **사용 연령** 8세 이상
ISBN 979-11-24037-02-7 74400 979-11-24037-00-3(세트)

©2025, 원종우 이선강 유영근 CASA LIBRO
이 책의 저작권은 원종우, 이선강, 유영근, CASA LIBRO에게 있습니다.
저자와 출판사의 허락 없이 내용의 일부를 인용하거나 발췌하는 것을 금합니다.

잘못된 책은 구입처에서 바꿔 드립니다.

와이즈만 BOOKs는 (주)창의와탐구의 출판 브랜드입니다.
KC마크는 이 제품이 공통안전기준에 적합하였음을 의미합니다.